Odorología
Criminalística. ¿Qué es?

Dager Aguilar Avilés.
Estados Unidos. 2015

Autor: Dager Aguilar Avilés
Edición y corrección: Dager Aguilar Avilés
Diseño interior y de cubierta: Dager Aguilar Avilés
Diagramación: Dager Aguilar Avilés

Sobre la presente edición:
©Dager Aguilar Avilés, 2015
©Proy. Editorial Honoris-América. Estados Unidos.
Odorología Criminalística.¿Qué es?
ISBN-13: 978-1519545879
ISBN-10: 1519545878

La publicación de este libro y su divulgación ha sido financiada por el proyecto Erasmus Mundus Action 2 de la Unión Europea.

Del Autor:

Dager Aguilar Avilés: Ciudadano cubano residente en la ciudad de Varsovia, Polonia. Abogado, criminólogo, analista político latinoamericanista, académico y escritor. Ha impartido docencia y ha sido investigador asociado en universidades de Cuba, Italia y Polonia. Ha dirigido varios investigaciones de tesis de diploma y maestría. Ha publicado varios libros en Europa y Estados Unidos, así como numerosos artículos y ensayos en revistas especializadas en ciencias sociales y jurídicas en Europa y América Latina. Ha presentado ponencias en numerosos eventos científicos y recibido varios premios a lo largo de su carrera estudiantil y profesional.

Tabla de contenidos

Capítulo II: El Peritaje Odorológico en el Proceso penal. /66

Capítulo I. Nociones generales de Odorología Criminalística.

Sumario:

1.Introducción. 2. Concepto de Odorología. *2.1. Introducción al estudio del olor como objeto de estudio de la Odorología. 2.2. LA Huella olorosa 2.3. Fundamentos científicos del estudio del olor en la Odorología Criminalística. 2.4. Historia de la Odorología Criminalística.* **3. El can como instrumento en la Odorología Criminalística. Características y capacidades generales.** *3.1. Entrenamiento del Can para el peritaje odorológico.* **4. Descripción del desarrollo del peritaje odorológico.**

1. Introducción

El tema de la Odorología Criminalística sigue siendo hoy un tema polémico en toda la extensión de la palabra. Ello se debe a que el partidismo científico que padece hoy esta técnica criminalística aún se diluye entre el poco conocimiento al respecto de los que a ella se refieren muchas veces, para bien o para mal, y la poca divulgación que sobre esta técnica existe. Ello significa que hablar de Odorología Criminalística implica inmediatamente asumir posturas desde distintos puntos de vistas respecto a esta técnica pericial. Por un lado, asumir si estamos hablando de una ciencia independiente o un saber científico; una ciencia forense o una técnica criminalística. Por otro lado, tomar parcialidad respecto al criterio sobre el carácter fidedigno de los resultados del dictamen pericial odorológico y su validez jurídica como formador de una convicción judicial y su fundamentación posterior en la sentencia correspondiente.

Es por estas razones que se impone al introducir cualquier tema odorológico criminalístico dejar por explicado algunos aspectos básicos de la Odorología Criminalística. En esta ocasión iniciaremos por el tema conceptual de la Odorología Criminalística y brindaré en el trayecto de estas líneas mis percepciones académicas y científicas sobre los temas que aquí se tratarán. Estas percepciones han sido fundamentadas en debates académicos y preguntas que constantemente se me han ido formulando en varios colegios y universidades. Es a partir de ahí que ha nacido la idea de escribir este texto para que los estudiantes se vayan familiarizando con los términos de la Odorología Criminalística al inicio de sus estudios más complejos sobre el tema. El primer tema será el concepto de Odorología.

2. Concepto de Odorología.

El término Odorología proviene de los vocablos *Odoro* que significa olor y *Logía* que significa ciencia, lógica, saber fundamentado. De la conjunción de estos vocablos se infiere que Odorología es, por consiguiente, la ciencia que estudia el olor o, lo que es lo mismo, un saber fundamentado y coherente de la lógica del olor.

Por ello podemos definir parcialmente la Odorología como la ciencia que estudia la lógica del olor. Esta lógica a la que hacemos mención se refiere fundamentalmente al análisis razonado, coherente y fundamentado de los procesos de formación, propagación, extinción de los olores, así como de su estructura y mecanismos de aprehensión, conservación, transformación e industrialización en las sociedades actuales. Con todo lo hasta aquí planteado entonces podemos definir la Odorología como *la ciencia que estudia los procesos de formación, propagación, extinción de los olores, así como de su estructura y mecanismos de aprehensión, conservación, explotación e industrialización para satisfacer diversas necesidades humanas y sociales.*

Nótese que hacemos referencia constantemente a la Odorología y no a la Odorología Criminalística. Ello se debe a que, aunque parezca ilógico, realmente se trata de dos conceptos diferentes. En ello quiero llamar la atención porque generalmente se tiende a pensar que la Odorología Criminalística es una ciencia independiente y no es así y, en cambio, la

Odorología propiamente dicha sí lo es. Pero una cosa es la Odorología como ciencia y otra es la Odorología criminalística como técnica o especialidad criminalística fundamentada en una ciencia general. No obstante, más adelante veremos esas diferencias.

Es a partir de este concepto que desarrollaremos los restantes epígrafes y capítulos de esta obra porque queda claro que no basta con definir y repetir conceptos sin tener una idea clara del espíritu que encierra cada definición. Por estas razones continuaremos nuestro análisis con el estudio del olor como pilar de los estudios odorológicos.

2.1. Introducción al estudio del olor como objeto de estudio de la Odorología.

El término "olor" proviene del vocablo latino *oloris* y se comprende como la sensación que producen en el olfato las emanaciones o efluvio de los cuerpos. Quisiéramos destacar aquí que los olores, *per se*, no son más que impresiones (tal y como ya habíamos dicho con anterioridad) que quedan impregnados en el sistema olfativo. Ello dota al concepto de olor de un fuerte contenido psíquico. En el caso especial de los seres humanos un mismo olor puede tener diferentes percepciones en varias personas. Lo que para unos puede ser agradable para otros puede ser desagradable. Esta diversidad de sensaciones que puede provocar un mismo efluvio en diferentes personas al mismo tiempo es lo que ha fundamentado el uso de la Odorología en la manipulación industrial de los olores para transformar los olores ambientales. Por eso cuando analizamos el olor debemos verlo en dos partes. Por un lado, su componente objetivo que son los efluvios y sustancias y gases que se mezclan y, por otro lado, está el componente subjetivo que es la sensación o impresión que provocan una vez que son captados por el sistema olfativo. Por eso no puede hablarse de olor pensando solamente en todos los efluvios que emanan del cuerpo o las materias y, mucho menos, comprendiendo solamente su parte subjetiva(impresiones). Ello nos permite afirmar que el término olor no es una singularidad, es un proceso que nace desde que de la materia emanan sus efluvios y termina en la psiquis de los organismos en forma de impresión como parte de respuesta al sentido olfativo de los seres vivos.

El olor es una propiedad intrínseca de la materia y a su vez objeto de percepción del sentido del olfato. Se genera por una mezcla compleja de gases, vapores y polvo,(Efluvio) que se desprende de la materia a partir de su interacción con otra materia o los propios estímulos ambientales, atmosféricos y geográficos. También la manipulación humana puede contribuir intencionalmente al desprendimiento de ese efluvio al que hemos hecho referencia. Ahora bien, aquello que no podemos percibir por el olfato se denomina inoloro. En la terminología alternativa al olor se usa habitualmente los términos fragancia o aroma, principalmente por la industria de alimentos o cosméticos para describir un olor placentero. De igual manera se utiliza el término "peste" para referirse o calificar un olor desagradable. Los olores corresponden al fenómeno objetivo de los elementos disueltos en el aire, aunque, como en otros sentidos, varios factores psicológicos pueden desempeñar cierto papel en la percepción de los mismos.

Los olores y su estudio no son novedosos por lo que, contrario a lo que muchas personas piensan, el estudio de los olores, su captación, manipulación e industrialización se remonta a siglos anteriores y no al siglo XVIII-XIX como consideran muchos especialistas. De ahí deviene una de las diferencias entre la Odorología como ciencia y la Odorología Criminalística como técnica o especialidad: la Odorología criminalística fundamenta su objeto de estudio en los olores naturales humanos concibiéndolos como cuño personal útil para la posible identificación de sujetos en sucesos delictivos; en cambio, la Odorología(ciencia) fundamenta su objeto de estudio sobre la base de todo tipo de olores (naturales e industriales) y los procesos de creación, su manipulación, transformación e industrialización para su futura comercialización. Un ejemplo clásico del uso de los olores en la Odorología es la perfumería.

Se dice que el uso de los olores aromáticos y su estudio datan de la prehistoria, el día que el hombre primitivo encendió una hoguera para calentarse o para alejar las fieras que pudieran acecharle y, por pura casualidad, encendió algunas ramas o resinas de un árbol y éstas comenzaron a desprender un olor agradable, un olor inédito que nunca antes había sentido nadie. "Quizás el hecho de encontrarla tan agradable y de que el humo se elevase directamente hacia el cielo, les hizo pensar en utilizarlo como ofrenda a las divinidades o a las fuerzas sobrenaturales que lo habitaban y que desde allí arriba regían sus frágiles destinos en la Tierra". Los perfumes se han utilizado y se utilizan en rituales religiosos en diversas épocas y culturas. Hallazgos sobre las culturas Sumérita, Egipcia, Romana, Griega e incluso precolombina evidencian el estudio y manipulación de los olores en la creación de perfumes, cosméticos y otras sustancias aromáticas. Los egipcios eran capaces de estudiar los olores naturales de cada sujeto y sobre sus particularidades elaboraban aceites aromáticos para distintas partes del cuerpo e intensidad de olores de la persona. Ello demuestra que ya sostenían una noción de la individualidad de los olores personales.[1] Igualmente son sugerente los estudios realizados

---

[1] Al respecto *vid: Diccionario de Ingredientes Cosméticos*, F. Carrasco (4ª ed, 2009). Ed: www.imagenpersonal.net.; También *Vid*: POSE, ALEJANDRO (2005). *La ruta del perfume*. NEO - Editorial Perfil

por los alquimistas en Florencia y Venecia durante el Renacimiento.[2]

De lo hasta aquí visto en el estudio de los olores se infieren dos conclusiones parciales: la primera es que lo que hoy llamamos *Odorología* en un primer momento, en tanto saber científico, estuvo absorbido por la Alquimia durante los primeros siglos de la Humanidad hasta la aparición de la Química como ciencia. La segunda conclusión se refiere a que la Odorología obedece a fines más amplios de lo que la Odorología Criminalística, ya que mientras en esta última se manipulan los olores (extracción de las superficies y su conservación) pero no los transforma o mezcla la primera los manipula y los industrializa para su comercialización. Es así que muchos productos hoy tienen como uso transformar las impresiones olorosas de los ambientes. Ej: los aromatizantes y los perfumes.

Lo importante en todo este análisis es tener muy claro que entre la Odorología (sentido amplio) y la Odorología Criminalística(sentido estricto) se establece una relación género-especie en la que

---

[2] *Ibídem.*

la Odorología es el género y la Odorología criminalística es la individualidad dentro del género. No queremos decir que la Odorología Criminalística es una especialidad o síntesis de la Odorología, sino que aborda una parte de su objeto de estudio y no la totalidad del mismo. Esta diferenciación es bien importante a la hora de valorar cómo la Odorología puede ser categorizada como ciencia pero la Odorología Criminalística no. Aún cuando la Odorología Criminalística tenga la misma esencia objetiva no debemos olvidar que la metodología que sigue cada una y las finalidades suelen ser diferentes. Esta afirmación se comprende mejor a partir de que analizamos el olor como objeto de estudio en la Odorología Criminalística.

2.2. La huella olorosa.

Es popular entre los peritos de las distintas especialidades criminalísticas el dicho de que todo delincuente en el lugar del suceso delictivo se lleva algo y siempre deja algo. De ahí que cada especialidad se centre en buscar ese "algo" que ha dejado el criminal en el lugar del suceso para su identificación y el esclarecimiento del delito. En la técnica dactiloscópica, por ejemplo, es la huella dactilar y en la Odorología criminalística es la huella olorosa.

Por huella olora debemos entender, a los efectos de esta obra, aquel rastro de efluvio corporal que deja el criminal en el lugar del suceso delictivo tras interactuar con objetos y distintas superficies. Ello es lo mismo que decir, el rastro de olor del criminal u otras personas participantes en el acto delictivo durante su presencia en el lugar del suceso. La huella olorosa deviene entonces en un cuño, una firma que ha dejado el criminal en el lugar del suceso que acevera su presencia allí justo en el momento que ha acontecido el crimen. Ello no quiere decir que la presencia de una huella olorosa ya implique o demuestre que el sujeto ha sido el autor del delito, pero sí prueba y evidencia su presencia en ese escenario durante la ocurrencia del mismo. Como todo rastro, la huella olorosa no es eterna, por lo que la manipulación humana y las condiciones atmosféricas y geográficas, entre otras razones, pueden contribuir a su desaparición. Es por ello que se hace importante la pronta presencia de los especialistas odorólogos para su obtención.[3] Precisamente a este proceso de obtención de la huella es a lo que se conoce como "levantamiento de la huella olorosa".[4] En la actualidad todavía existe una gran desconfianza por el gremio jurídico y académico respecto al carácter individual e irrepetible del olor humano, así como de su proceso de discriminación. Especialmente por el uso de canes como instrumento olfatorio esencial en dicho proceso. De lo que no cabe dudas es de que cada vez son más las evidencias irrefutables de que el olor humano es único e individual en cada sujeto y dicha característica es útil en el esclarecimiento de delitos y la identificación humana con diferentes fines.

---

[3] Al respecto *vid* AGUILAR AVILÉS, DAGER: *Temas de Odorología Forense para Juristas y Estudiantes de Derecho.* Ed. Facultad de Derecho, Universidad de Málaga, Málaga España. 2010. P.24. También vid: AGUILAR AVILÉS, DAGER: *Dimensiones de la Odorología Criminalística.* Ed. Honoris-Europa y Createspace publisher. Estados Unidos.2015. P. 52-55.

[4] Sobre el proceso de levantamiento de la huella olorosa hablaremos más adelante.

2.3. Fundamentos científicos del estudio del olor en la Odorología Criminalística.

En la Odorología Criminalística el estudio del olor se enfoca sobre sus propiedades para ser aprehendido de las distintas superficies en variadas condiciones atmosféricas, climáticas y geográficas y ser conservadas por un periodo de tiempo determinado. Aquí no se pretende tomar las muestras de olor para transformarlo o realizar cualquier otro tipo de manipulación que no sea su traslado y su uso como muestra. Por otra parte, La Odorología Criminalística se centra en los olores naturales humanos exclusivamente para su levantamiento y posterior comparación con las muestras de olores tomada de los sospechosos y su identificación por parte del can. Ello significa que en la Odorología Criminalística no interesan otros olores que los devenidos naturalmente de la piel humana. Es decir, que aquellos que el hombre deja plasmado sobre determinadas superficies tras su interacción con las mismas. Esta particularidad de olores en los que se concentra la Odorología Criminalística son muy importantes porque son los que menos pueden manipularse y requieren de una pericia muy aguda para su aprehensión y conservación.

La Odorología Criminalística fundamenta su teoría de identificación sobre la base de que cada efluvio emanado de los seres humanos es individual dada la diferencia cuantitativa y cualitativa de los componentes del mismo. Ello es lo que permite una discriminación o diferenciación de unos con respecto a otros. Hasta la fecha se plantea que no existe un olor humano igual a otro, inclusive en gemelos o entre familiares.

Antes de culminar nuestro análisis queremos hacer mención al "Odorotipo". Por este debemos entender aquellas muestras de olor tomadas al sospechoso en el laboratorio. Tengamos en cuenta que en la Odorología se requiere comparar la muestra de olor tomada en el laboratorio a cada uno de los sospechosos con las huellas de olor obtenidas en la inspección del lugar del suceso. Si estas coinciden entonces queda demostrado que el sujeto estuvo en el lugar del suceso en el momento del crimen. De aquí se desprende una conclusión y es que la muestra de olor obtenida de los sospechosos en el laboratorio(odorotipo) es generada en condiciones más adecuadas que la huella olorosa.

El odorotipo obedece a ser introducido a una línea de identificación para acotejarse con la huella olorosa, pero está relacionado a circunstancias de raza, sexo, edad, etc.

En lo que respecta a su ámbito científico la Odorología Criminalística es muy cuestionada por muchos. Especialmente por su carácter de ciencia independiente. Como ya habíamos hecho alusión anteriormente la Odorología es una ciencia propiamente dicha; sin embargo, la Odorología Criminalística no puede ser catalogada de ciencia independiente absolutamente porque al entrar al terreno de las ciencias forenses asume los métodos de la Criminalística para la investigación y esclarecimiento de los delitos. Ello no significa que en esencia no corresponda a una ciencia sino que su aplicación y metodología para contribuir al esclarecimiento de los delitos no son odorológicos sino criminalísticos. Es por estas razones que la gran mayoría del gremio forense prefiere identificarla como una técnica criminalística. No obstante, reiteramos que ello no significa que en su esencia la Odorología criminalística no sea ciencia. Aquí lo importante es, he insistimos en ello, ubicar la Odorología en un intermedio entre ciencia independiente y técnica criminalística porque, a fin de cuentas, la Odorología criminalística es ambas cosas: ciencia en su naturaleza y genes doctrinales pero criminalística en su aplicación y proyección social. Entonces la solución a esta bifucarción respecto a la naturaleza científica de la Odorología Criminalística puede ser no ubicarse en ninguno de los dos extremos y adoptar una posición relativa respecto a ambos. Con el decursar del tiempo los estudios odorológicos y el desarrollo de la Criminalística permitirá medir hacia dónde se ha ido moviendo esta especialidad dentro de las ciencias forenses. De igual manera consideramos que en el estadío actual de la doctrina odorológica criminalística no están creadas las condiciones para concluir este tipo de partidismo científico.

2.4. Historia de la Odorología Criminalística.[5]

El surgimiento de la Odorología Criminalística no ha quedado realmente definido de manera unánime y exacta por los especialistas en esta materia, al menos en cuanto a momento histórico se refiere. Lo cierto es que las relaciones entre los seres humanos y los canes describen un origen más antiguo pues el can fue el primer mamífero que el hombre logró adiestrar con fines prácticos (cacerías, rastreos de personas desparecidas, etc.) al convertirlo en un instrumento de utilización que con el decursar del tiempo se fue introduciendo en los cuerpos de investigación de muchos países del mundo. Por estas razones, si tuviéramos que definir un antecedente remoto de la Odorología tendríamos que definirlo desde el mismo momento que el hombre percibió la capacidad olfativa de los canes y lo útil que ello podía ser para múltiples faenas. Un segundo momento o antecedente remoto debería ser marcado desde el momento en el que el hombre incorpora esta capacidad

---

[5] Lo referente a la Historia de la Odorología Criminalística ha sido tomado del libro : Aguilar Avilés. Dager: *Ob. Cit.*(*Dimensiones de...*)P. 21-32

24

animal en sus funciones de rastrear seres humanos por distintas razones. Ya desde la época medieval, quizás desde antes, se utilizaban los canes para rastrear prisioneros fugitivos y criminales tras recibir noticias de los mismos. Un tercer momento o antecedente debe marcarse a partir de que se utiliza el adiestramiento del can especializado para identificar al sujeto tras presentársele una muestra de huellas olorosas. Ello significa desde el nacimiento mismo de la técnica odorológica.

Gran parte de la doctrina le atribuye a Hans Gross, criminalista austriaco considerado el padre de la Criminalística, la iniciativa de usar en 1896 doce perros entrenados para el trabajo policiaco. A partir de ahí se considera el inicio de la técnica de rastreo de criminales por parte de la policía, utilizando para ello canes entrenados durante largos periodos de tiempo y con un desarrollo de habilidades y determinadas condiciones físicas que lo hacían exclusivos para esta tarea entre sus semejantes. Otros consideran que realmente Gross no fue más que un introductor del aspecto indiciario de la aplicación del can durante la persecución de prófugos de la justicia. Independientemente de las disquisiciones doctrinales al respecto de la autoría de tal invención, lo importante fue que tanto Gross como otros sirvieron de inspiración y punto de reflexión para que en 1908 se fundara la "Sociedad rusa para la introducción de perros en la Policía y en el servicio de vigilancia". Ese mismo año, en el marco de dicha fundación se publicó la revista *Notas de la Policía* en la que se publicitaban las ventajas del uso de canes en la actividad policial. Esta metodología se fue extendiendo paulatinamente por toda Europa desde los países bálticos que fueron los pioneros en practicarlas. Como resulta evidente, los criterios en contra de la efectividad de esta técnica naciente fueron surgiendo y el debate se fue dirigiendo ahora sobre la perdurabilidad de la huella olorosa en las prendas de los prófugos y en los lugares donde estos estaban siendo rastreados. Se consideraba entonces que causa de los resultados negativos que muchas veces se experimentaban durante el rastreo se debía a ello. Fue así que el interés por conocer y estudiar la perdurabilidad de un rastro de olor se hizo latente entre los académicos y científicos. Claro está que una cosa conllevó a la otra porque para indagar sobre el rastro de olor se necesitaba llegar a su esencia y buscar ahí la información necesaria para perfeccionar la técnica de rastreo. Es así que los estudios se redirigen hacia la huella olorosa específicamente. A pesar de tantas disquisiciones doctrinales, fueron varias las academias que se crearon para el entrenamiento de perros de rastreo. Entre estas podemos citar la "Escuela militar central de perros de servicio" que en un primer momento tuvo carácter experimental. Durante toda la primera mitad del siglo XX los esfuerzos científicos se enfocaron en estudiar al máximo todas las propiedades de la huella olorosa y su manifestación en el medio ambiente con relación a las superficies. Con ello queremos significar que ya en el gremio criminalístico se tenía clara la idea de que el olor de las personas era único e inconfundible. La cuestión radicaba entonces en determinar cómo hacer más perdurable la huella en una superficie natural(lo cual era ilógico) o contar con instrumentos más agudos de detección de olores. Esta segunda opción fue la más viable por lo que los estudios encaminados a determinar instrumentos de detección de olores superiores a los del olfato canino se iniciaron inmediatamente. Los resultados fueron evidentes. No existía un instrumento más agudo que la naríz canina. Además, los especialistas de la República Democrática Alemana ya habían llegado a la conclusión de que la recolección de las huellas olorosas directamente sobre el objeto portador era mucho más efectiva que obtener una muestra de aire del lugar del hecho con las presuntas moléculas olorosas del comisor del delito. Entonces la cuestión ya no sería el ¿qué? sino el ¿cómo?. Con esto queremos decir que la atención científica se centró a determinar entonces una metodología que permitiera tomar las huellas olorosas en cualquier tipo de ambiente y conservarlas de la menor manera posible para que posteriormente el perro pudiera identificarla. La década de los años 60 fue la del furor investigativo en busca de dotar de metodología la noción odorológica que ya se había desarrollado, al menos teóricamente. La investigación más seria conocida al respecto la desarrollaron los Doctores Bezrukov, Vinberg, Mayorov y Todorov. Estos, por encargo de la Cátedra de Criminalística de la Escuela Superior del Comité para la Seguridad del Estado (KGB) de la URSS debían determinar un instrumento más efectivo que el can, pero la trascendencia de estos está en haber dado a su investigación el enfoque criminalístico pertinente. Esto es decir, haber dotado de cuerpo y fundamento a la Odorología que desde entonces ellos acuñaron de criminalística. Sus estudios sobre Odorología criminalística no fueron publicados hasta finales de la década del 60.

En esta misma década, como ya habíamos hecho mención, otros se interesaron también por la búsqueda de un instrumento que permitiera conservar e identificar las huellas de olor de una manera igual o más efectiva que la conocida hasta entonces. Entre estos también se destacó el científico ruso Andrew Dravnieks quien desde su graduación de doctorado por la Universidad de Illinois en 1966 se dedicó por entero a la faena en cuestión. Su mayor mérito fue el haber fundado por esos años el *Centro de Ciencias del Olor* que posteriormente se denominó *Instituto de ciencias olfatorias* y haber construido un instrumento llamado Olfanómetro presentado al gremio científico en 1985. Este intrumento permitía comparar cromatográficamente los olores detectados en un local con los de una persona. Se considera que fue Dravnieks quien le dio sentido y cuerpo técnico a la Odorología criminalística. En otras palabras, fue este quien dio continuidad a la labor científica de Bezrukov, Vinberg, Mayorov y Todorov. Durante la década de los años 70 el tópico odorológico forense fue centro de muchos espacios de debate como revistas, reflexiones académicas y eventos científicos. Tal fue así que para 1976, durante el Congreso Internacional de Cinólogos en Budapest, Hungría, el tema de la Odorología criminalística fue el hipocentro de atención y debate. Ya para junio de 1993 se estaban realizando los primeros trabajos orientados a la organización de un Laboratorio de Odorología en los marcos del servicio de investigaciones biológicas del Centro Estatal de Peritajes Criminalísticos del MVD de Bielorrusia. Para estos años los especialistas de Berlín y los de Leipzing retomaron el trabajo de Gross y desarrollaron la metodología para la conservación de las muestras de olor de una manera bastante significativa.

Aquí en Varsovia, Polonia, a pesar de las dificultades que impuso el reajuste económico, político y social de la sociedad capitalista naciente, en apenas un año y medio (Mitad de 1992 y hasta 1994) se crearon aproximadamente 18 laboratorios de Odorología y hasta el año 2000 ya los polacos poseían más de 35 laboratorios.

En resumen podemos decir que a finales del siglo XX (década de los años 90) el debate entorno a la Odorología se centró en la validez jurídica y legal del dictamen odorológico en el proceso penal. Ello se debió a dos razones fundamentales: por un lado, por el desconocimiento del sector judicial y los restantes operadores del Derecho sobre los fundamentos científicos de la Odorología y, por otro lado, los pocos fundamentos doctrinales y reflexiones científicas al respecto desde las ciencias jurídicas y sociales afines. Así podemos decir que la segunda mitad del siglo XX es donde la Odorología se robustece como técnica o especialidad, especialmente entre los años 1960-1993. Es en este periodo donde la práctica odorológica alcanza su visibilidad y fundamenta su utilidad social. A partir de entonces, las críticas constantes a su admisión en el proceso penal como medio de prueba han obligado a los odorólogos a fundamentar más detalladamente la Odorología en cuanto su objeto de estudio, leyes y principios de funcionamiento. Es así que han surgido hipótesis, teorías y cuestionamientos que han influido grandemente en la atención académica y la investigación científica de diversos tópicos odorológicos.

De esta manera, la Odorología criminalística o forense, como algunos prefieren llamarla, se presenta en el siglo XXI como un saber científico en busca de una categoría de ciencia independiente. Hoy los debates no se centran fundamentalmente en el valor legal o jurídico de la Odorología, sino en su explicación científica y el descubrimiento de sus leyes de comportamiento.[6] Es presisamente este último punto el más debilitado en la fundamentación científica de la Odorología por parte de los

---

[6] Ello no significa que se haya extinguido todo debate sobre la idoneidad del dictamen odorológico y su inclusión como medio de prueba en el proceso penal, de hecho todavía existe. Lo que queremos significar aquí es que la búsqueda de una respuesta o explicación a las críticas que ha recibido la Odorología han obligado a los especialistas a ahondarse más en los preceptos científicos y doctrinales que fundamentan este saber.

expertos o especialistas en esta materia. Esta debilidad a la que hacemos mención se expresa más claramente en la carente bibliografía existente al respecto de las leyes científicas, las categorías y las teorías científicas odorológicas.

Ahora bien. Si tuviéramos que vaticinar el futuro de la Odorología tendríamos que decir que la misma en su estadío actual de saber científico se encuentra en medio de un proceso dialéctico que romperá las trabas que impiden su correcta fundamentación al menos en su dimensión científica. Ello quiere decir que la búsqueda de fundamentos y las contradicciones aparentes que describe la teoría general odorológica no son más que la síntesis de los saltos que dicho saber dará como parte de su desarrollo y proceso de madurez doctrinal. Es por eso que no se puede realizar otro pronóstico que la buena salud de la que goza hoy la doctrina odorológica y que cada vez será mejor.

3. El can como instrumento en la Odorología Criminalística.[7]

El can es un instrumento importantísimo en la Odorología Criminalística por cuanto es el detector de olores más eficiente que existe hasta el momento y solamente mediante él es posible identificar y comparar y discriminar los olores de los sospechosos con la huella obtenida en el lugar del suceso delictivo. En la actualidad muchos se cuestionan sobre la pertinencia de la presencia del can en el peritaje odorológico y ese tópico ha sido objeto de un debate que parece interminable entre los operadores del Derecho y los mismos especialistas forenses. Lo cierto es que hasta la fecha el uso del can se ha fundamentado en razones meramente científicas y contrastables en el día a día del ejercicio odorológico criminalístico. En la actualidad se han desarrollado varias líneas de investigación con el fin de diseñar equipamientos para la recolección, almacenamiento y cotejo de olores con un grado de precisión más alto, como lo son

---

[7] Los datos referentes a este epígrafe han sido tomados de la enciclopedia libre Wikipedia. La veracidad y seriedad de los mismos han sido comprobados con otras fuentes bibliográsficas citadas en la Bibliografía de esta obra.

la *Nariz electrónica* y *la Cromatografía de Gases acoplada a la Espectrometría de Masas (GC-MS)*. La Nariz Electrónica puede recolectar y comparar olores mediante patrones incorporados en el equipo con la capacidad analítica de detectar compuestos volátiles y discriminarlos dentro de un conjunto de sustancias olorosas. Este dispositivo conserva el principio del sistema olfativo de los mamíferos.[8] Por su parte, la Cromatografía de Gases acoplada a la Espectrometría de Masas (GC-MS) es una técnica analítica para determinaciones químicas, esta básicamente volitaliza y separa los compuestos de determinada muestra mediante la cromatografía de gases. Posteriormente, el espectrómetro de masas cumple la función de detectar y cuantificar los compuestos analizados y así contribuir a la identificacion e individualización de olores humanos.[9] No

---

[8] ARIAS, X.: *Esta nariz electrónica puede salvarle la vida en un desastre natural*. Recuperado el 03 de Noviembre de 2014, de Enter.co: http://www.enter.co/especiales/innovacion/esta-nariz-electronica-puede-salvarle-la-vida-en-un-desastre-natural/(24 de Julio de 2014). Consultado el 17 de noviembre de 2015 a las 14:32hrs.

[9] BATISTA BLANCO, V., CARBONELL VIDAL, O., PINO ALEA, J. A., & GORDILLO PÉREZ, R.: *Caracterización de la huella de*

obstante, cada una de estas técnicas está muy lejos de compararse con la capacidad olfativa del can. Es en este contexto que pretendemos entonces exponer algunos de los argumentos científicos que justifican al can de Odorología como sensor olfatorio de excelencia para este peritaje.

Para que nos hagamos una idea, los perros tienen unos 200 millones de receptores olfativos en las fosas nasales, y algunos sabuesos como el Bloodhound pueden llegar a los 300 millones. Mientras tanto, el ser humano solamente tiene 5 millones, es decir, 40 veces menos. Además, el olfato del perro abarca un área de 150 centímetros cuadrados, mientras nosotros apenas llegamos a 5 centímetros cuadrados. A esto debemos añadir que hay ciertos olores que nosotros no percibimos mientras nuestros amigos sí que lo hacen. Se calcula que una persona sin entrenamiento puede distinguir decenas de

---

olor humano, mediante cromatografia de gases acoplada a espectometíia de masas. Obtenido de Tecnicas de Investigacion Criminal - Tecnicrim: http://www.tecnicrim.co.cu/images/Ohumano.pdf . (Abril de 2012). Consultado el 18 de noviembre de 2015 a las 23:09hrs.

olores, algunas personas unos pocos centenares. Y algunos especialistas como un perfumista con amplia experiencia, puede distinguir unos 30.000 matices aromáticos. Pero, cualquier perro puede distinguir entre un millón de aromas diferentes. El perro llega a reconocer personas y cosas a través de su olfato. Por esta razón, si les tiramos un palo o una pelota a una zona llena de objetos iguales, ellos sabrán reconocer el objeto que le hemos lanzado sin ningún problema, al guiarse por nuestro sudor, que quedó adherido cuando lo agarramos. Una de las pruebas más curiosas y que demuestran la capacidad olfativa de nuestros amigos es el llamado "test del portaobjeto". En este test, un portaobjeto de vidrio entre varios es tocado por una persona. Después se guardan los portaobjetos durante 6 semanas, tiempo tras el cual son sacados, permitiendo al perro que los olfatee. Se ha comprobado que el perro no sólo es capaz de identificar el portaobjeto que ha sido tocado sino también a la persona que lo hizo.

El olfato en los perros, es 10.000 veces más sensible que su gusto.[10]

---

[10] Lo referido a los datos estadísticos de la capacidad del olfato canino ha sido tomado de *El Olfato en los perros*, en sitio web "Tu amigo el Perro". Obtenible en http://www.tuamigoelperro.es/2012/06/04/el-olfato-en-los-

También pretendemos brindar algunos datos sobre los canes utilizados en este tipo de peritaje. Sobre esta base tendríamos que comenzar por decir que el can de Odorología no es un can cualquiera. Generalmente se requieren pastores alemanes hembras por sus condiciones de fuerzas y razones fisiológicas lógicas y evidentes. También se usan otros canes como son bloodhound, labrador y también los mestizos.

En principio podríamos decir que El **pastor alemán** u **ovejero alemán** (en alemán: *Deutscher Schäferhund*) es una raza canina que proviene de Alemania. La raza es relativamente nueva, ya que su origen se remonta a 1899. Forman parte del grupo de pastoreo, debido a que fueron perros desarrollados originalmente para reunir y vigilar ovejas. Desde entonces, sin embargo, gracias a su fuerza, inteligencia, capacidad de entrenamiento y obediencia los pastores alemanes de todo el mundo son a menudo la raza preferida para muchos otros tipos de trabajo como pastor de vacas y ovejas con

---

perros/ . consultado el 20 de noviembre de 2015 a las 2:08am.

infatigable trote y gran inteligencia; guardián, perro guía, policía, perro de ataque, detector de drogas, etc. Es un animal vigoroso, ágil, bien musculado, despierto y lleno de vida. Sus proporciones físicas deben guardar relación no sólo en su apariencia sino también habrá que fijarse en su temperamento. Debe ser un perro bien equilibrado, con un desarrollo armonioso de los miembros anteriores y posteriores. Un buen ejemplar agrada a primera vista; también es muy fuerte. A veces puede ser agresivo y un poco dominante dependiendo de la forma en la que se educa. Por todo ello es un perro dedicado al trabajo.

Sus orígenes se remontan a finales del siglo XIX, cuando en Alemania se inició un programa de crianza para guarda y protección de los rebaños de carneros en contra de los lobos. El capitán de caballería del ejército alemán, Maximilian von Stephanitz, es considerado el padre de la raza. Más tarde, tras la aparición de la Asociación de Amigos del Pastor Alemán en 1899, se inició una selección de ejemplares cuyos cruces mejoraron tanto el aspecto psíquico como físico del animal. El primer ejemplar inscrito *Horand von Grafath*, fue un animal vigoroso, de firme carácter, pelaje grisáceo y aspecto lobuno que demostró ser un semental con los rasgos que Von Stephanitz buscaba. En el primer encuentro se transmitieron esos rasgos deseables a los perros sucesores, y se reforzaron con las normas cuidadosas de cruce selectivo entre miembros del mismo linaje de este primer criador; una práctica que buscaba destacar y potenciar las características deseables por medio de una determinada gestión genética.

Von Stephanitz buscó de forma primordial el aspecto práctico y de trabajo de la raza. Desde el principio, la forma en el pastor alemán no debería desviarle de su funcionalidad zootécnica. Von Stephanitz previó una primera amenaza a la validez de la raza como animal de trabajo cuando la sociedad humana se transformó de una base principalmente agrícola y ganadera a una economía industrializada. En una primera fase, persuadió al Gobierno alemán para que aceptara a la raza en trabajos de policía. Éste fue el principio de la asociación de la raza con las fuerzas de la ley y con la utilización militar. Pronto las cualidades de inteligencia, fiabilidad y resistencia del animal, los aspectos principales de su carácter y su existencia en la historia, le garantizaron su utilización en muchos papeles importantes, siendo uno de esos papeles más nobles como perro guía para los ciegos.

Hoy en día, esta raza no es sólo una de las más queridas y admiradas por los amantes de los perros, sino que sus cualidades también le han permitido trabajar en ejércitos. Esta raza fue utilizada como perro rastreador durante la Segunda Guerra Mundial por el ejército alemán y policías. De hecho, los servicios prestados durante las dos guerras mundiales le otorgaron un respeto y admiración a nivel mundial.

Entre sus características generales podemos describir un aspecto general robusto y flexible, ligeramente alargado, cuerpo musculoso, sus mandíbulas deben cerrar en tijera. Es un perro de compañía muy bueno con los niños ya que es un perro muy equilibrado y fácil de adiestrar.

- Hay variantes de color en los pastores alemanes como son el color negro, negro con bordes café, rojizos y negro, sable, pero siempre visible su manto de color negro —de ahí que muchos le llamasen «manto negro»—.

- Altura a la cruz: entre 60 y 65 cm el macho, y la hembra entre 55 y 60 cm
- Peso: el macho ronda los 30 y 40 kg, y la hembra entre 22 y 32 kg
- Esperanza de vida: 9 a 13 años

Su cabeza tiene forma de cuña y está en proporción con el largo del cuerpo (su longitud es aproximadamente un 40% de la altura de la cruz), sin parecer ni tosca ni alargada. En su apariencia general debe ser seca y moderadamente ancha en medio de las orejas. Vista por delante y por los lados, la frente es levemente arqueada y sin o con un surco mediano poco marcado. La proporción entre la región craneal y la facial debe ser de 50% a 50%. El ancho de la región craneal es casi igual que su largo. Vista de arriba, la región craneal va disminuyendo uniformemente desde las orejas hacia la nariz, dejando una depresión fronto-nasal no muy notoria e inclinándose en el hocico, que tiene forma de cuña. Los maxilares superiores e inferiores están fuertemente desarrollados. La caña nasal es recta; cualquier abultamiento o hundimiento es indeseable. Los labios, de color oscuro, son firmes y bien adheridos.

Sus ojos son de tamaño medio, almendrados, colocados oblicuamente y nunca sobresalientes. Su color debe ser lo más oscuro posible. Ojos claros penetrantes son indeseables ya que afectan la expresión del perro; por eso no suele haber perros con este tipo de ojos.

El principal problema es que se ensucian (sobre todo si el perro vive en la ciudad, a causa de la contaminación). Normalmente, esta suciedad se elimina en forma de legañas, que se le pueden limpiar con un paño húmedo. No hay que dejar que se acumulen hasta que al perro le molesten tanto que se frote con la pata. En perros viejos, o a causa de una enfermedad o lesión, puede haber dificultades para mantener la humedad del ojo. En este caso conviene hacer una limpieza regularmente, previa consulta al veterinario para que indique el producto a usar adecuado.

El perro pastor alemán tiene las orejas de tamaño mediano, erectas, abiertas hacia adelante y llevadas de manera uniforme (ni volteadas ni llevadas hacia los lados). Son puntiagudas, con el pabellón dirigido hacia el frente. Orejas dobladas en la punta o caídas son defectuosas. Orejas echadas para atrás, en movimiento o en reposo, no se toman como falta.

Si se acumula cerumen hay que quitarlo cuidadosamente, tal como se haría en el caso de una persona. Pero hay que hacerlo con mucho más cuidado, ya que por la forma de las orejas del perro, si simplemente se sueltan las escamas de cera, caerán al interior, pudiéndole dañar el conducto auditivo. Si no se está seguro de cómo se hace, es mejor dejarlo en manos de un profesional; de todos modos, una buena forma de limpiar las orejas de un perro (tanto de orejas levantadas como caídas) es con un poco de algodón humedecido con vaselina líquida, siempre desde dentro hacia afuera de la oreja, solamente lo que se ve, nunca llegar más adentro ya que puede dañar. Las orejas comenzarán a plantarse alrededor de los cinco o seis meses de edad. En caso de que esto no ocurra, se le deberán poner unas plantillas para una perfecta plantación de las orejas. Hay que prestar atención especial a los perros de razas que tienen las orejas caídas, que además de acumular la suciedad «normal» pueden convertirse en nidos de parásitos, entre otras cosas, por la falta de ventilación, desventaja que no tiene el pastor alemán debido a la forma de sus orejas.

La línea superior corre sin interrupción desde la implantación del cuello sobre la cruz bien definida y sobre la espalda muy ligeramente inclinada hasta la grupa, también levemente inclinada. La espalda es firme, fuerte y bien musculada. El lomo es amplio, fuertemente desarrollado y bien musculado. La grupa debe ser larga e inclinada ligeramente (aproximadamente 23° de la línea horizontal) y continuar hacia la línea de la cola sin interrumpir la línea superior. Esta (la cola) Llega por lo menos hasta el corvejón, pero sin sobrepasar la mitad del metatarso. Tiene el pelo más largo en su parte inferior. En reposo, la lleva colgante con una ligera curva. Cuando el perro está en movimiento o en atención, lleva la cola más alta, pero sin sobrepasar la línea horizontal. No se prohíben operaciones correctivas.

También es un defecto que el perro tenga la cola parada.

Vistos de todos los lados, los miembros anteriores son rectos; vistos desde el frente, son absolutamente paralelos. El omóplato y el brazo son de la misma longitud, firmemente pegados al cuerpo por medio de una buena musculatura. La angulación ideal entre el omóplato y el brazo es de 90°, pero generalmente es de 110°. Los codos no deben estar vueltos ni hacia afuera ni hacia adentro, estando el perro en reposo o en movimiento. Los antebrazos, vistos de cualquier lado, son rectos y paralelos entre sí, secos y bien musculados. El metacarpo tiene una longitud de aproximadamente 1/3 del antebrazo y forma una angulación con éste de aproximadamente 20-22°. Un metacarpo demasiado inclinado (más de 22°) o demasiado recto (menos de 20°) perjudica la capacidad de trabajo del perro, sobre todo su resistencia. Los pies delanteros son redondeados, compactos, con dedos arqueados. Las almohadillas deben ser firmes, pero no frágiles. Las uñas son fuertes y de color oscuro fuerte, aunque puede haber excepciones.

La grupa: el pastor alemán moderno tiende a tener la grupa caída, esta anormalidad en esta raza se da cada vez más y en la actualidad a los pastores alemanes así se les considera *perros buenos* mientras que realmente el pastor alemán original, el de guardia y trabajo, no tiene la grupa caída.

Los pastores alemanes tienen una esperanza de vida de entre 10 y 12 años. Hay que vigilar su calendario de vacunación puesto que son susceptibles de contraer moquillo. El pastor alemán es de las razas con más problemas genéticos debido a su cría irresponsable. Como es común en perros grandes, esta raza suele padecer displasia de cadera. La cruza responsable es necesaria para evitar que este tipo de defectos se propaguen de generación en generación para tener ejemplares sanos que no sufran dolor y sean útiles para el trabajo por lo que se recomienda adquirir al cachorro en un criadero certificado y exigir ver el pedigrí del cachorro y preguntar si su familia ha contraído éste problema. Esta raza requiere normalmente que las caderas de los cachorros sean analizadas mediante rayos-X y que las radiografías sean certificadas y aprobadas por los clubes responsables de la raza (el organismo que regula a esta raza es el *Verein für Deutsche Schäferhunde e.V. (SV)* con sede en Augsburgo, Alemania); también cuando el perro alcance la madurez (aproximadamente a los 2 años de edad) para garantizarlo como adulto apto para la reproducción.

El entrenamiento y socialización deben comenzar desde el primer momento en que el cachorro llega a la familia.

Otro problema de salud, que a veces se presenta en esta raza, es la Enfermedad de Von Willebrand. También tienen tendencia a la deficiencia pancreática, lo que significa que el páncreas deja de producir enzimas y el animal es incapaz de procesar o absorber nada. Existe medicación para tratarlo, aunque desafortunadamente no resuelve ni cura el problema al 100%, siendo además el tratamiento bastante costoso.

Otras enfermedades que se pueden presentar son:

- Panosteitis: formación, crecimiento e inflamación excesivo del hueso alrededor de las articulaciones provocando en la conocida como "cojera del cachorro" (definición dada por la enciclopedia del AKC).
- Síndrome de cauda equina: signos neurálgicos resultantes de la compresión de los nervios de la espina en la región lumbosacra.
- Pannus corneal canino (queratitis crónica superficial): inflamación de la córnea que puede producir ceguera potencial, incluyendo un crecimiento anormal del tejido alrededor de la córnea.

Necesita practicar ejercicio de modo continuo ya que es una raza de trabajo. Los pastores alemanes destacan en deportes como el schutzhund,[11] que es una buena alternativa para

---

[11] El Schutzhund es un deporte también conocido internacionalmente como IPO debido al acrónimo de las palabras en alemán Internationale Prüfungs Ordnung. Tiene como propósito evaluar el carácter y la utilidad de un perro para el trabajo, así como la relación con su conductor. En sus inicios tuvo como objetivo el preservar las características y capacidades del Pastor Alemán (mediante la elección para reproducción de sólo aquellos ejemplares que hubieran cumplido, y finalizado,

ayudar a mantenerlo sano y equilibrado tanto física como psíquicamente. Las salidas al campo, playa o montaña son necesarias y recomendables sobre todo si se le permite correr a su antojo al menos dos veces al mes. Así, su fuerte musculatura se mantendrá en forma y se contribuirá a preservar su equilibrio psíquico, siendo una raza especialmente predispuesta a padecer trastornos temperamentales que en casos extremos degeneran en neurosis.

Se prefiere a los 3 meses de vida realizar su primer baño, en un lugar cálido, donde el perro no corra riesgo de lastimarse, utilizando jabón o champú neutro. Sea que se le alimente con pienso de buena calidad o con Dieta BARF es importante que se tenga especial precaución de

---

exitosamente con las pruebas), pero actualmente participan en él toda raza que requiera prueba de trabajo según la FCI. En años recientes, la raza que suele tener más presencia en las competencias es una variedad del Pastor belga (Malinois).

Pero más allá de lo anterior, ha evolucionado hasta convertirse en un deporte emocionante con centenas de personas y ejemplares, en decenas de países en el mundo practicándolo todas las semanas, a pesar de las condiciones meteorológicas adversas. Además de desarrollarse eventos regionales, nacionales y mundiales que reúne a lo más destacado de esta disciplina.

evitar la sobrealimentación ya que posee un apetito voraz que lo puede llevar a padecer problemas gástricos, que, mal tratados, degeneran en diarrea crónica. Es recomendable acudir al veterinario al menos una vez al año para un chequeo general. El cepillado diario es necesario para evitar que el pelo muerto cuelgue de sus extremidades y cuello, esto también permite que su pelaje se conserve brillante, saludable y hermoso.

3.1. Entrenamiento del Can para el peritaje odorológico.

El entrenamiento para el aprendizaje del can de Odorología, es riguroso. El mismo tiene un período de duración de unas 12 semanas, donde se emplean frascos con golosinas, vacíos, con olor del amo, de un ayudante, con olores de otras personas con diferentes antigüedades, y llevan una metodología que va de lo más simple a lo más complejo, incluso hay etapas en que si el perro no logra los resultados previstos pasaría a otra etapa inferior de entrenamiento, hasta finalmente vencer el adiestramiento y estar listo para trabajar.

Existen requisitos sustentados por la cinología tanto para la introducción de un can en un ciclo de entrenamiento, como para cuando este lo supere y poder trabajar; la salud, estado mental, comportamental y la adaptación son criterios valorados para realizar la selección de los perros que apoyaran un peritaje odorologico. Igualmente un can en ejercicio será constantemente evaluado y si en este se observan fallas será inhabilitado para apoyar peritajes.

4. Descripción del desarrollo del peritaje odorológico.

El peritaje odorológico criminalístico se inicia a partir de la solicitud de los órganos o instituciones responsables y pertinentes para la resolución del conflicto delictivo a resolver y su encausamiento. Estos pueden ser los órganos de la policía, la fiscalía o el propio tribunal que conocerá del caso. En cada país estas instituciones pueden variar, razón por lo que no haremos mucho hincapié en ello, pero sí dejaremos claro que solamente se inicia un dictamen pericial odorológico previa solicitud de una de las instituciones pertinentes reconocidas por la ley. Una vez que el dictamen se ha solicitado oficialmente se registra dicha solicitud y se inicia el proceso de conformación del equipo que estará a cargo de los restantes actos del peritaje hasta la presentación de sus conclusiones en el juicio oral correspondiente y, así, someter dichos resultados a debate entre las partes del proceso penal y contribuir a la formación de la convicción judicial. Para ello se establecen y se fijan los escalones de mando y se toman todas las medidas pertinentes de disponibilidad y logística necesarias. En algunos países como Argentina, Holanda, Cuba, Polonia, Alemania, entre otros, sus sistemas de trabajo presentan diferencias en los procedimientos para el peritaje del olor respecto a nuevas tecnologías e instrumentos, sin embargo, estos conservan los principios básicos de la Odorología. Lo cierto es que, independientemente de las diferencias que puedan existir en el ejercicio odorológico criminalístico, en todos los países se desarrolla un plan de actividades a realizar y se designan los escalones de mando en el equipo organizado para desarrollar el dictamen pericial odorológico.

1- El primer paso ya lo hemos expuesto y es precisamente la organización del equipo y plan de trabajo.

2- El segundo paso es presenciarse los peritos en el lugar del suceso tan pronto cuanto se pueda y disponerse a iniciar el análisis de todas las posibles fuentes de prueba antes que se contamine la escena del suceso.

3- Una vez en el lugar del suceso se llevan a cabo todas las acciones necesarias para evitar que se quebranten las reglas de esterilidad e higiene y así se contamine la escena del delito.[12]

4- Posteriormente, tomadas las medidas pertinentes, el investigador debe detectar en la escena del crimen aquellos sitios u objetos donde se considere que pudo haber interactuado el autor del delito y los

[12] USECNETWORK INTERNATIONAL MAGAZINE. (2009). *Odorología Criminalística. La huella olorosa presente en el escenario del crimen.* Obtenido de usecnetwork: www.usecnetwork.com. Consultado el 23 de noviembre de 2015 a las 14:37hrs.

participantes para iniciar el levantamiento de la huella de olor.

5- Una vez identificados estos lugares y objetos se abre un frasco estéril, el cual contiene una pinza y una colcha o paño de fibras de algodón también estéril de 22x19cm, con guantes de nitrilo o látex; se coloca la colcha o paños con las pinzas sobre la superficie donde posiblemente tuvo contacto el individuo, dejando allí por un tiempo determinado para que recoja los olores existentes; este tiempo es discutible, ya que hay criminalistas (dependiendo del país y circunstancias de la escena) que determinan diferentes tiempos. En Argentina, si pueden, ubican la gasa sobre la superficie 12 horas, en Alemania practican dejándola hasta 24 horas, mientras que aquí en Polonia tienen un tiempo mínimo de 30 minutos. La diferencia marcada entre el tiempo utilizado en Polonia y Latinoamerica se debe fundamentalmente a cuestiones atmosféricas y climatológicas pues en Polonia raras veces llueve y la temperatura ambiental la mayor parte del año no sobrepasa los 18 grados por lo que los olores en las escenas del crimen suelen preservarse mejor y por más tiempo. En los países europeos se utiliza también la pistola de extracción de huellas olorosas (STU-100) dedicada para la recolección olorosa, ya que aspira de la escena del crimen o de objetos relacionados a este la huella olorosa. Funciona mediante un filtrado del aire por una gasa estéril, la cual recoge las partículas en la gasa y tiene la ventaja en que se presenta una manipulación mínima de la huella olorosa por el hombre.

6- Luego se levanta el pedazo de colcha y se embala en materiales especiales que permitirán que el olor se conserve y no se mezcle durante su traslado al laboratorio de Odorología. En algunos países en ocasiones se introduce directamente el pedazo de colcha en el recipiente de cristal. Debemos destacar que este recipiente no es de cristal común sino de un cristal especial conocido como "vidrio de control solar". Ello se debe a que dicho material impide que el sol altere las moléculas de olor.

7- Desde su levantamiento hasta su llegada al laboratorio de Odorología se conserva en refrigeración dicho recipiente de cristal que contiene el pedazo de colcha con la muestra de olor. Una vez llegado al laboratorio se conservan estas posibles huellas levantadas en el "banco de olores". El banco de olores cumple la función de conservar los frascos que contienen ya las huellas olorosas, ya sean de la escena del crimen, de los sospechosos y/o de los individuos de procesos ya condenados. Las dimensiones de esta área depende de las necesidades de almacenamiento y funcionará con requisitos como: Temperatura entre los 15° a 20° centígrados, con preferencia de temperaturas bajas, humedad relativa entre el 60% a 70%, estantes de metal, termómetro, higrómetro, mesetas pequeñas, iluminación adecuada, organización de los frascos por los criterios necesarios (por regiones, delitos, etc.) y utilización de doble puerta, para que no existan cambios significativos de temperaturas y contaminación de las muestras.[13]

---

[13] USECNETWORK INTERNATIONAL MAGAZINE: ob. Cit.

8- El siguiente paso es la extracción del odorotipo, ya mencionado anteriormente. En Cuba la persona a quien se le extraerá el odorotipo, debe abrir él mismo el frasco, coger la gasa estéril y colocársela en la parte delantera de su cintura, por dentro del pantalón, por un tiempo de 30 minutos. En Polonia y Argentina regulan que el individuo debe mantener la gasa estéril en las manos durante 15 minutos, aunque también puede ser tomada la muestra en otras partes del cuerpo. En Holanda, la muestra se toma manteniendo en la mano un cilindro de acero inoxidable durante 5 minutos, en Alemania se usa el mismo método con la variable de 2 minutos únicamente. Debemos destacar que la extracción del odorotipo debe realizarse en locales idóneos para que no se mezclen los olores y la muestra tomada sea lo más adecuada posible.[14]

---

[14] Al respecto vid: Belchi Conte, E.:). *Odorología Forense, Discriminación de sospechosos mediante el Odorotipo.* Obtenido de Scribd: http://es.scribd.com/doc/203411490/OdorologiaForense. (01 de Enero de 2011) Consultado el 19 de noviembre de 2015 a las 10:24hrs.

9- Unas vez levantadas las muestras de odorotipo se procede a la preparación de las mismas para que el can haga la discriminación de olor e identifique la huella olorosa levantada en el lugar del suceso con alguna de las muestras de odorotipo (técnica de cotejo canina). Como ya habíamos dicho con anterioridad existe una gran polémica respecto a la pertinencia del can en esta faena de discriminar olores e identificar a los sujetos que han intervenido de alguna manera u otra en el suceso delictivo por la comparación de los olores. Las alternativas vistas hasta ahora son dos: La Nariz electrónica que se suele usar algunas veces y que como ya explicamos en epígrafes anteriores puede recolectar y comparar olores mediante patrones incorporados en el equipo con la capacidad analítica de detectar compuestos volátiles y discriminarlos dentro de un conjunto de sustancias olorosas. Este dispositivo conserva el principio del sistema olfativo de los mamíferos. Usualmente es utilizada en el campo medicinal para diagnosticar enfermedades, también en la industria para determinar, por ejemplo, concentraciones de vinos y estados de conservación de algunos víveres. La nariz electrónica es emergida científicamente por la olfatometría; técnica sensorial que básicamente mide los olores y funcionalmente se conforma por cuatro bloques: Un bloque de transducción donde se haya una array de sensores químicos, un segundo bloque de adquisición de señales y conversión donde se incluye un conversor analógico-digital, el cual convierte la señal análoga (olorosa) percibida en un valor binario o en un cifrado; un tercer bloque de procesado el cual toma el valor binario y la señal análoga con el propósito de conservarlo en su base de datos para aprehenderlo; y un cuarto bloque de presentación de resultados el cual básicamente se expresa en una pantalla LCD con los resultados obtenidos.[15] Por su parte, la Cromatografía de Gases acoplada a la

---

[15] WONGCHOOSUK, C., LUTZ, M., & KERDCHAROEN, T.: *Detection and Classification of Human Body Odor Using an Electronic Nose.* Recuperado el 25 de Noviembre de 2014, de MDPI - Open Access Piblishing: www.mdpi.com/1424-8220/9/9/7234/pdf. (2009). Consultado el 15 de octubre de 2015 a las 11:34hrs. También *vid*: GARDNER, J. W., & BARTLETT, P. N.: *Electronic Nose: Principles and Applications.* Oxford, Reino Unido: Oxford University Press. (1993).

Espectrometría de Masas (GC-MS) reiteramos que es una técnica analítica para determinaciones químicas, esta básicamente volitaliza y separa los compuestos de determinada muestra mediante la cromatografía de gases. Posteriormente el espectrómetro de masas cumple la función de detectar y cuantificar los compuestos analizados. La GC-MS es un método analítico de uso industrial, el cual se ha practicado introducir en la práctica forense para la evaluación, caracterización y comparación de los compuestos del olor humano con el propósito de distinguir perfiles individuales.[16]

10- En este paso se preparan todas las actas y materiales necesarios para registrar todo cuanto acontezca durante el cotejo canino de la huella olorosa y el odorotipo. Ello significa que se verifica que la habitación o cámara gesell esté correctamente climatizada, alejada de fuentes magnéticas, ruidos, olores y demás agentes externos que vulneren tanto las muestras como el estado mental del perro.

---

[16] BATISTA BLANCO, V., CARBONELL VIDAL, O., PINO ALEA, J. A., & GORDILLO PÉREZ, R.: *ob. cit.*

También se preparan los modelos de actas para anotar todos los detalles posibles de lo realizado en dicha habitación, se dejan listos los videos que grabarán lo acontecido y se les permite a los testigos inspeccionar cuidadosamente que las gazas con las muestras de odorotipo estén bien colacadas, cerradas y todo en perfectas condiciones.

11- Ya en este paso un guía canino proporciona al perro el recipiente de vidrio que contiene la muestra levantada en la escena del crimen (la huella olorosa) para que este la olfatee por un periodo de tiempo determinado.

12- Posteriormente se le da la orden inmediata de oler diferentes recipientes marcados con el Odorotipo en una línea de identificación. Finalmente el can tras una búsqueda de coincidencia odorífica en relación a la huella olorosa y el odorotipo, entrega los resultados con determinada marcación, interpretada por el guía canino y este como estímulo proporciona una recompensa al perro. Generalmente esta señal que emite el cane es sentarse en frente del recipiente que coincide la huella olorosa con el odorotipo o simplemente hecharse en frente de dicho recipiente. Como resulta evidente el uso de la técnica de cotejo canina es mucho más rápida que las otras variantes ya expresadas en esta obra. Aquí debemos aclarar que la línea de identificación es una hilera de recipientes de cristal que contienen las restantes muestras del odorotipo. Generalmente se usan entre 5 y 15 muestras diferentes y entre ellas se ubica la del sospechoso. Si el can identifica la muestra del sospechoso con la muestra de huella levantada en el lugar del suceso entonces se sobreentiende que el mismo estuvo evidentemente en la escena del crimen. Resulta loable señalar que ninguno de los presentes en el acto de cotejo canino pueden hablar, hacer señas o formular sugerencias de identificación. En caso de que sean varios los sospechosos se debe realizar una sección de cotejo de olores diferentes. Ello es decir, que se debe colocar nuevamente otra línea de identificación pero con el olor del sospechoso correspondiente. Lo más importante aquí es que en estos actos se exigen testigos y además, la presencia de los abogados defensores de los sospechosos.

13- Una vez terminada esta fase todos los presentes esperan a que se termine el acta y la firman como constancia de lo allí sucedido. Entonces se recogen todos los elementos que hayan fijado el momento, (fotos, videos, etc.) y se inicia posteriormente el proceso de discusión entre el equipo de peritos odorólogos responsables del peritaje.

14- Ya en este paso se inicia la redacción del informe o conclusiones oficiales del dictamen y se le entrega al oficial o institución encargada de incluirla en el atestado o en el expediente, según corresponda, para la apreciación futura por parte del fiscal.

15- Si el fiscal decide apreciarlo como medio de prueba lo incluirá en su pliego acusatorio y lo presentará ante el tribunal el cual si lo acepta lo erradicará como causa y dictará fecha para juicio oral, previa contestación oficial de los abogados defensores y todo el conjunto de actos correspondientes a toda esa fase intermedia del proceso penal.

16- Lo importante aquí es que en el juicio oral el perito odorólogo deberá leer sus conclusiones, si así las partes lo estiman, y entonces se realizarán las preguntas pertinentes por las partes y el tribunal respecto a los resultados de las mismas. Entonces corresponderá al juez formar o no convicción con dichos resultados.

Capítulo II: El Peritaje Odorológico en el Proceso penal

Sumario:

1. El dictamen pericial odorológico. Definición. *1.1. Diferencia entre dictamen pericial y peritaje.* **2. El objeto del peritaje y el dictamen pericial odorológico. 3. Las fuentes y elementos de pruebas en el peritaje odorológico. 4.** El debate sobre el valor jurídico del peritaje odorológico

1. El dictamen pericial odorológico. Definición.

El término dictamen proviene del vocablo latino *dictare* que significa "dictar" y el sufijo *men* que expresa "resultado". En una de sus acepciones se comprende como un juicio desarrollado o comunicado respecto alguna cuestión, en otras acepciones se refiere al documento que comprende una desición de una autoridad determinada sobre la base de su legitimidad y reconocimiento público para emitirla. Pudiera tratarse entonces de una sentencia de un tribunal o la decisión de un parlamento. Entonces se infiere que este término tiene una acepción objetiva (documento, ley, disposición) y otra acepción subjetiva(contenido del documento, mandato, solución razonada). Independientemente de las acepciones existentes respecto al término en cuestión, lo que más destaca y resulta de nuestro interés es el elemento común de que se refiere a un pronunciamiento fundamentado y razonado sobre un tópico específico por quien tiene autoridad y legitimación pública para ejercerlo. Con ello queremos significar que un dictamen comprende un enunciado que pone fin a una duda, litigio o al menos determina la vía correcta para darle solución a dicho litigio. Aquí la esencia del dictamen sería entonces su carácter determinante y concluyente respecto a su objeto (fenómeno en consideración para solucionar). Es así que, en esencia, cuando una autoridad emite un dictamen está determinando entre varias alternativas y posibles soluciones aquella que considera pertinente para la solución del conflicto planteado a dictaminar.

El calificativo pericial es un adjetivo que describe la existencia de una pericia. Este término (pericia) deriva del vocablo latino *pariens* que significa "probado" y por el sufijo *ia* que es indicativo de cualidad. Por pericia entonces debemos comprender la experiencia, conocimientos especializados y sabiduría de una persona en lo que respecta a una materia. La esencia entonces de este adjetivo (pericial) está en la cualidad de conocimiento excepcional de un sujeto para conocer, opinar y solucionar un asunto. No obstante, esa cualidad está reconocida y legitimada públicamente y de ahí que se denomine "perito" a los especialistas en determinadas materias que son requeridos a dar opinión especializada sobre un asunto o brindar una solución razonada. Visto así, entonces el dictamen pericial puede ser definido como *la expresión formal de un razonamiento lógico, especializado, sabio y fundamentado en la sabiduría y experiencia de una persona respecto a un conflicto que se ha puesto a su consideración.* En el caso de la Odorología Criminalística la especialidad es evidente.

1.1.Diferencia entre dictamen pericial y peritaje.

Nótese que cuando hablamos de "dictamen" hacemos referencia, y a sí lo hemos definido, a una "expresión formal" esta expresión formal debe ser entendida como una forma de exteriorización de esas conclusiones a la que ha llegado el perito. No se trata de una forma cualquiera de exteriorización, pues el carácter formal está dado por la ritualidad que establezca la ley para ello. Generalmente las leyes procesales exigen la forma escrita para la formalización del dictamen pericial odorológico y su oralidad en el Juicio Oral del proceso penal correspondiente. Ello significa que se combinan ambas formalidades de expresión o comunicación del dictamen pericial en las diferentes fases del proceso penal. No obstante, debemos tener en cuenta que generalmente los códigos civiles asumen un carácter supletorio para todos aquellos aspectos que no son regulados por otras leyes en los distintos ordenamientos jurídicos, por lo que ellos mismos(los códigos civiles) fijan la oralidad o la escritura como formalidad para los actos jurídicos cuando las leyes sustantivas y demás disposiciones no se refieran al respecto. Con todo esto queremos significar que entre "dictamen" y "peritaje" existe una diferencia y una relación fundamental. La diferencia está dada por el hecho de que el dictamen comprende el documento o medio por el cual se exteriorizan las conclusiones especializadas del perito(acepción objetiva) mientras que el peritaje es todo el proceso de investigación y análisis que el perito realiza para llegar a una conclusión. Entonces la relación entre ambos está en que el peritaje es el proceso utilizado para llegar a una conclusión y el dictamen es el medio oficial (documento, grabación de voz o video, etc) por el cual se comunica dicha conclusión. En medio de todo esto está "la conclusión" misma, pues si el peritaje es el proceso para llegar a una conclusión sobre un conflicto planteado al perito y el dictamen es la via formal por la que dicho perito comunica sus conclusiones, entonces valdría la pena preguntarse qué son entonces "las conclusiones periciales". Las conclusiones periciales son los criterios definitivos y determinantes del perito sobre el caso que se la ha dado a resolver o dictaminar. Nosotros lo identificamos preferentemente con el objeto del peritaje y el dictamen pericial.

2. El objeto del peritaje y el dictamen pericial odorológico.

El objeto de un peritaje es aquello sobre lo que recae directamente la actividad pericial o de examen especializado. Por tanto, será objeto de un peritaje aquello sobre lo que se reflexiona, analiza y dictamina. En este sentido no debe confundirse el objeto del peritaje como tópico central con el objeto directo del peritaje; pues este último se refiere a la materia que se examina(dígase una superficie, el arma homicida, etc).

En el peritaje odorológico el objeto es el levantamiento de las huellas olorosas y su manipulación posterior (conservación, comparación e identificación por medio del cotejo canino) mientras que el objeto directo del dictamen serán todos los objetos y superficies donde se han extraído esas huellas olorosas.[17] Al respecto existen disquisiciones doctrinales porque hay quienes consideran que el objeto del peritaje odorológico es la identificación de los sujetos que intervienen en el suceso delictivo. En lo que a ello refiere consideramos que esa interpretación es errónea ya que se confunde el objeto del peritaje con su finalidad. El peritaje odorológico puede llegar a comprobar la presencia de los sospechosos en el lugar del suceso delictivo o simplemente comprobar que este nunca estuvo presente allí. La finalidad es llegar a esa certeza; pero para ello se analizan las huellas olorosas obtenidas en el lugar del crimen con los efluvios del sospechoso y se hace el cotejo canino de olores. En ese caso es evidente que la pericia

---

[17] En el concepto de objeto directo del peritaje se incluyen tanto las fuentes de prueba como todos aquellos objetos examinados que no constituyeron fuente de prueba. Por eso tampoco es loable identificar las fuentes de pruebas como únicos objetos directos del peritaje odorológico.

que fundamenta esa determinación o certeza es el conocimiento que tiene el odorólogo en el tratamiento y manipulación de los olores. Por tanto regresamos al mismo punto en que el objeto del peritaje es el levantamiento de la huella olorosa y su manipulación especializada.[18]

Ahora bien, el objeto del dictamen pericial odorológico, por su parte, serán las conclusiones a las que arriba el perito una vez terminado su examen especializado (peritaje). Consideramos a estas conclusiones como el objeto del dictamen ya que lo importante en dicho comunicado no es cómo el perito llegó a esa conclusión sino qué es lo concluido, cuál es la solución a la cuestión por la que se requirió su experticia. Ello no quiere decir que en el informe pericial durante el juicio oral el perito no tenga que explicar a las partes, al tribunal y al público presente cómo ha llegado a esa conclusión y cómo realizó el peritaje; pues ello también forma parte del debate.

---

[18] Al respecto *vid* AGUILAR AVILÉS, DAGER: *El Peritaje en el Proceso Penal.* Ed. Facultad de Derecho, Universidad de Málaga, Málaga. España. 2010.

3. Las fuentes y elementos de pruebas en el peritaje odorológico.

La palabra "fuente" nos gesta la idea de emanación de algo. Es el origen del cual brota algo o se inicia algo. Es así que se habla de fuente de la juventud, fuente de vida, agua, sabiduría, luz, etc. En el ámbito criminalístico esta noción no está divorciada de su acepción general. El término "fuente de prueba" se refiere entonces al origen al núcleo de donde brota la prueba, donde se origina la misma. En el caso del dictamen odorológico será la fuente de prueba aquella de donde se obtiene la huella olorosa. Un ejemplo claro es aquel en el que en la escena del crimen se obtiene un cuchillo que fue manipulado por el asesino durante la ejecución del delito y se obtiene una camisa del mismo. En este caso hipotético se revisan y analizan ambas piezas (cuchillo y la camisa) y se obtiene una huella de olor en la camisa, pero no en el cuchillo. En este caso la fuente de prueba fue la camisa por ser allí donde se obtuvo una huella olorosa.

Ahora bien, el dato que se obtiene de la fuente de prueba (en este caso la huella olorosa) es lo que se conoce jurídicamente como "elemento de prueba". El elemento de prueba es la partículosis o lo particular dentro de la actividad probatoria porque es la mínima expresión estructural de la prueba propiamente dicha. Esto significa que es aquí, con esa huella olorosa, que empieza el proceso de formación de la prueba.[19]

En el caso del dictamen odorológico hay que destacar que la fuente de prueba no puede verse

---

[19] Este es un criterio bastante discutido en la doctrina jurídica-procesal, por cuanto para algunos el proceso de formación de prueba se inicia desde que el perito se presenta en la escena del crimen para inspeccionar. No obstante, nosotros asumimos el criterio de que lo que realiza el perito desde el momento de presentarse en el lugar del suceso para inspeccionar es la actividad probatoria, pero no la creación de pruebas,. La creación o proceso de creación de pruebas inicia desde que el perito adquiere un elemento de prueba como mínimo y entonces inicia todo su estudio y análisis que, a fin de cuentas, es lo que presentará al tribunal para contribuir a la formación de su convicción judicial. Por estas razones, "proceso de formación de pruebas " y "actividad probatoria son dos conceptos que no deben ser confundidos como habitualmente sucede. No obstante, entre ellos existe una relación y es que la el proceso de creación de pruebas está comprendido y existe en la actividad probatoria como una fase de la misma.

solamente desde una dirección; o sea, los objetos inspeccionados en la escena del crimen y las huellas olorosas levantadas allí no son las únicas fuentes y elementos de pruebas respectivamente. Debemos tener en cuenta que se trata de un dictamen eminentemente comparativo y no puede existir comparación sin dos elementos de prueba y dos fuentes distintas de prueba. Es aquí que entra a escena el odorotipo. En el odorotipo podemos apreciar que el ser humano (sospechoso) del cual se extrae una muestra de olor es *per se* una fuente de prueba y la muestra extraída es un elemento de prueba también importantísimo. El dictamen odorológico requiere de esa muestra de olor personal del sospechoso para ser completado y arribar a conclusiones definitivas y fidedignas. Entonces podríamos decir que las fuentes de prueba en el dictamen odorológico son: los objetos y superficies de las cuales se ha extraído al menos una huella olorosa y el sospechoso mismo del cual se extraen las muestras de olor para su posterior comparación e identificación. En cambio, los elementos de pruebas serán las huellas de olor levantadas en la escena del crimen y las muestras de olor tomadas a los sospechosos. Pero no serán consideradas elementos de pruebas todas las huellas de olor levantadas en el lugar del suceso, sino aquellas que coincidan con las muestras del odorotipo(con las muestras de olor tomadas al sospechoso, ya que estas son las que permitirán fundamentar la presencia o no de este en el lugar del hecho delictivo y serán útiles para la formación objetiva de la convicción judicial y la sana crítica judicial.)

4. El debate sobre el valor jurídico del peritaje odorológico

El tema referente al valor jurídico del dictamen odorológico es un tópico muy sensible en la actualidad y desde hace algunos años. Ello es lo que convierte este tema en un referente de obligatorio análisis en toda obra escrita respecto a esta especialidad criminalística. En tal sentido tendríamos que empezar por definir los marcos en los que se mueve este debate tan interesante. Cuando hacemos referencia al valor jurídico del dictamen pericial odorológico como resumen formal de toda la actividad pericial estamos aludiendo a la correspondencia entre los principios jurídicos y los principios rectores de esta técnica pericial. Siempre que los principios de ambas especialidades (jurídica-penal y odorológica criminalística) se correspondan tendrá valor jurídico el dictamen pericial odorológico.[20] Esto significa que cuando se cuestiona la validez jurídica del dictamen pericial odorológico se está haciendo un enjuiciamiento negativo de la correspondencia de los principios de la Odorología Criminalística que fueron seguidos para la realización del peritaje y los principios jurídicos penales y procesales por los que se introduce ese dictamen procesal al debate entre las partes.[21]

Entre los puntos fundamentales más debatidos se encuentran:

- Constancia científica de que el olor de cada ser humano es único e irrepetible.
- La seguridad e irrefutabilidad de que el peritaje no puede ser manipulado y, de ser así, vías para comprobarlo. (dictadura de los peritos).

---

[20] Al respecto *vid*: AGUILAR AVILÉS. DAGER: *Ob. Cit.*(*Dimensiones de...*) P. 88-90.
[21] Nótese que hacemos referencia a valor jurídico y no valor legal; pues son dos conceptos diferentes. Al respecto *vid*: AGUILAR AVILÉS, DAGER: Ob. Cit. (*Dimensiones de la Odorol.*).P. 85-100.

- Vías alternativas para comprobar si el can se ha equivocado o no al identificar los olores.

Respecto a la constancia científica de que el olor de cada ser humano es único e irrepetible se discute frecuentemente de que si bien no hay evidencias que demuestren que existen dos personas con el mismo olor tampoco existen evidencias que demuestren que todas las personas tienen un olor individual o propio que lo diferencia del resto de la Humanidad. Esta cuestión es bien importante porque da al traste con un principio procesal que establece que todo lo que se debata en el proceso (especialmente relacionado con su objeto que es el hecho delictivo) debe estar probado y ser suceptible de ser probado (*res iudicata pro veritate habetur*). En el caso del debate respecto al dictamen odorológico se considera que este tiene como misión procesal contribuir al esclarecimiento de los hechos mediante la identificación de los sujetos que estuvieron presente en la escena del crimen durante la ejecución del delito. Ello permitirá consecuentemente reconstruir la verdad histórica del delito de la manera más fiel posible. Así, cuando se utiliza un elemento de prueba como lo es la huella olorosa y un ejercicio comparativo e identificativo por medio del cotejo canino queda en el aire la duda de si realmente se puede comprobar que no existe otra persona con el mismo olor que el encausado. Ello debido, insistimos, a que no hay evidencia de que existan, pero tampoco de que no existan dos olores iguales.

En lo que respecta a la constancia y la seguridad e irrefutabilidad de que el peritaje no puede ser manipulado se discute sobre la confiabilidad del control sobre la huella de olor levantada desde que se guarda la misma en el banco de olor hasta que se realiza el cotejo canino. Incluso se cuestiona la seguridad de la huella del sospechoso. Este es un tema bastante recurrente entre los abogados defensores que constantemente sugieren la posible manipulación intencional y maliciosa o negligente de la muestra de su defendido en los bancos de olor. Lo interesante de estas manifestaciones está en que el tribunal o las partes no tienen un control detallado de lo que ocurre en el banco de olor y de los códigos de comunicación entre el perito y el can, por lo que cualquier manipulación sería muy difícil de percibir. Aunque personalmente considero que estos argumentos utilizados infelizmente muchas veces en los tribunales son totalmente desatinados debo destacar a título personal aquí que hasta el momento no he conocido algún caso donde se haya demostrado una manipulación de la huella olorosa o las muestras de olor del sospechoso por parte de un perito odorólogo para incriminarlo intencionalmente. Lo cierto es que este criterio que muchos especialistas jurídicos plantean ha dado lugar a lo que muchos llaman "dictadura de los peritos". Esta frase responde a dos cuestiones: por un lado la imposibilidad de comprobar o rebatir en el juicio oral la manera exacta en la que se ha realizado el dictamen pericial y, por otro lado, la imposibilidad de los abogados y las partes para debatir los argumentos de los peritos cuando se tratan de temas tan especializados como lo es el odorológico. No obstante, debemos recordar, como ya explicábamos anteriormente, que durante el cotejo canino se invitan a las partes a presenciar el acto y se levanta acta de ello y se fija el momento mediante fotografías o videos. El informe pericial tiene un gran valor para los jueces en lo que respecta a la construcción del hecho probado y la formación de la convicción judicial; es por estas razones que las partes miran con mucho cuidado todo lo que el perito plantea y dedican una buena parte de sus debates a apoyar o contrarrestar los argumentos expuestos en el dictamen y planteados en el informe pericial.

Respecto al último argumento (Vías alternativas para comprobar si el can se ha equivocado o no al identificar los olores) podemos decir que realmente se debate bastante en el gremio jurídico si se puede determinar a ciencia cierta cuándo el can ha fallado en la identificación de la muestra olorosa durante el cotejo canino. Esta cuestión es de gran peso entre los jueces que he tenido la posibilidad de entrevistar puesto que los pone en una situación de inseguridad a la hora de asumir como prueba el peritaje odorológico. Esto se debe a que las partes pueden, posteriormente al enunciamento de la sentencia, recurrir a un recurso de apelación o casación, según corresponda, y destruir el fallo judicial anterior. Esta situación es muy perjudicial para muchos jueces en algunos ordenamientos jurídicos por lo que ellos prefieren no asumir riesgos y, mucho menos, cuando no tienen la certeza de cómo fundamentar su convicción respecto a este medio de prueba.

Bibliografía

- AGUILAR, AVILÉS. DAGER: *Temas de Odorología Forense Para Juristas y Estudiantes de Derecho*. Universidad de Málaga, Málaga, España. 2010. Obtenido de Scribd: http://es.scribd.com/doc/174972541/02-Temas-de-Odorologia-Forense-Para-Juristas-y-Estudiantes-de-Derecho-Dager-Aguilar-Aviles
- ÁLVAREZ, M. (Julio - Agosto de 2005). *Odorologia Forense*. Recuperado el Octubre de 2014, de Tecnicas de Investigacion Criminal - Tecnicrim: http://www.tecnicasdeinvestigacioncriminal.com/ARTICULOS/Odorologia%20Forense.pdf
- ARIAS, X.: (24 de Julio de 2014). *Esta nariz electrónica puede salvarle la vida en un desastre natural.* Recuperado el 03 de Noviembre de 2014, de Enter.co: http://www.enter.co/especiales/innovacion/esta-nariz-electronica-puede-salvarle-la-vida-en-un-desastre-natural/
- BATISTA BLANCO, V., CARBONELL VIDAL, O., PINO ALEA, J. A., & GORDILLO PÉREZ, R.: (Abril de 2012). Caracterización de la huella de olor humano, mediante cromatografia de gases acoplada a espectometíia de masas. Obtenido

de Tecnicas de Investigacion Criminal - Tecnicrim: http://www.tecnicrim.co.cu/images/Ohumano.pdf

.

- BELCHI CONTE, E.: (01 de Enero de 2011). *Odorologia Forense, Discriminación de sospechosos mediante el Odorotipo.* Obtenido de Scribd: http://es.scribd.com/doc/203411490/Odorologia Forense
- Cervantes Díaz, M.: (2006). *DETERMINACIÓN POR HS-SPME/CG-ECD, DE LOS COMPONENTES CARBONÍLICOS Y CARBOXÍLICOS VOLÁTILES PRESENTES EN EL SUDOR HUMANO.* Recuperado el 25 de Noviembre de 2014, de REPOSITORIO INSTITUCIONAL, Universidad Industrial de Santander:http://repositorio.uis.edu.co/jspui/bitst ream/123456789/7354/2/119478.pdf
- Cicely Sanchez, L.: (s.f.). *Manual de Criminalística.* Recuperado el Noviembre de 2014, de CRIME AND LAW INVESTIGACION CRIMINAL Y PREVENCION DEL DELITO: https://www.google.com.co/url?sa=t&rct=j&q=&e src=s&source=web&cd=1&ved=0CBsQFjAA&url =http%3A%2F%2Fcriminalistica.jimdo.com%2F app%2Fdownload%2F2387125519%2FMANUA L%2BDE%2BCRIMINALISTICA.pdf%3Ft%3D13

01040575&ei=DdpwVPDJM8TZsASf5YLwCA&u
sg=AFQjCNHv7KtFKQ2gX6Vp
- Concreso de la Republica de Colombia. (2004).
Ley 906 de 2004 "Por el cual se expide el
Codigo de Procedimiento Penal (Corregida de
conformidad con el Decreto 2770 de 2004)".
BogotaDC.
- GARDNER, J. W., & BARTLETT, P. N.: (1993).
Electronic Nose: Principles and Applications.
Oxford, Reino Unido: Oxford University Press
- EOCACHING. (04 de Enero de 2014).
Dobrodružství kriminalistiky - Odorologie.
Obtenido de GEOCACHING:
http://www.geocaching.com/seek/cache_details.
aspx?wp=GC51GP1&title=dk7-
odorologie&guid=abb8e6b5-26f0-46b8-b0bb-
cee71b606d69
- GIRÓN ZAVALA, C. F.: (Julio de 2007). LA
ELABORACIÓN DE PERFILES
CRIMINALÍSTICOS PARA LA
DETERMINACIÓN DEL AUTOR DE UN
DELITO DE HOMICIDIO. Recuperadoel
Noviembre de 2014, de Biblioteca Central
Universidad de San Carlos de Guatemala:
http://biblioteca.usac.edu.gt/tesis/04/04_6723.pd
f

- HERNANDEZ DE LA TORRE, R.: (Junio de 2003). *La odorología criminalistica en Cuba.* Revista Cubana de Derecho N° 21, 87-104.
- *La Odorología: Peritaje Del Olor.* (Julio de 2011). Obtenido de BuenasTareas: http://www.buenastareas.com/ensayos/La-Odorolog%C3%ADa-Peritaje-Del-Olor/2528677.html
- LOMBERA LÓPEZ.: (1995*). Metodología para la obtencion de huellas odoríficas en el Lugar del Suceso.*
- MIGUEZ CRUZ, A. M.: (07 de Noviembre de 2014). *Peritaje de Odorologia.* (J. D. Velez Suaza, Entrevistador)mundoperro. (20 de Febrero de 2009). Olfato del Perro. Obtenido de mundoperro: http://www.mundo-perro.com.ar/olfato-del-perro.htm
- Odorologia. (Octubre de 2014). Obtenido de EcuRed: http://www.ecured.cu/index.php/Odorología
- POSADA JEANJACQUES, J. A.: (s.f.). *Algunos datos de la historia de la Odorología.* Obtenido de Tecnicas de Investigacion Criminal - Tecnicrim: www.tecnicrim.co.cu/images/Odorologia2.pdf
- ROSILLO, M. R.: (2007). *Odorologia Forense - Identificación Molecular del Olor Humano con Perros (Canis Familiaris).* Recuperado el Noviembre de 2014.

- USAID; Defensoria del Pueblo de Colombia. (s.f.). Módulo IV para Defensores Públicos La prueba en el sistema penal acusatorio colombiano. Obtenido de ADALID Security, Legal &Forensic Corporation.: http://www.adalid.com/material/la%20prueba%20en%20el%20sistema%20penal%20acusatorio.pdf
- Usecnetwork International Magazine. (2009). *ODOROLOGÍA CRIMINALÍSTICA La huella olorosa presente en el escenario del crimen.* Obtenido de usecnetwork: www.usecnetwork.com
- Wikipedia, La Enciclopedia Libre. (2014). Olor. Obtenido de Wikipedia, La Enciclopedia Libre: http://es.wikipedia.org/wiki/Olor
- Wikipedia, La Enciclopedia Libre. (2014). Sistema olfativo. Obtenido de Wikipedia, La Enciclopedia Libre: http://es.wikipedia.org/wiki/Sistema_olfativo
- WONGCHOOSUK, C., LUTZ, M., & KERDCHAROEN, T.: (2009). *Detection and Classification of Human Body Odor Using an Electronic Nose.* Recuperado el 25 de Noviembre de 2014, de MDPI - Open Access Piblishing: www.mdpi.com/1424-8220/9/9/7234/pdf
- ZALDIVAR STABLE, J., MOLINA WALDEMIROFF, M., & SANLER CASTILLO, M.: (2010). La Odorología

Criminalistica en la Republica de Cuba. La Habana: Fiscalía General de la República de Cuba.